全国职业院校智能网联汽车新形态工作手册式教材

全国技工院校智能网联汽车工学一体化教材

智能网联汽车整车综合测试习题册

主　编　李凤琪

中国劳动社会保障出版社

简介

本书是全国职业院校智能网联汽车新形态工作手册式教材 / 全国技工院校智能网联汽车工学一体化教材《智能网联汽车整车综合测试》的配套用书。习题册内容紧扣教材的教学要求，注重基础知识的巩固和基本能力的培养，知识点分布均衡，题型丰富，难易适当，有助于学生复习巩固所学知识。

本书由李凤琪任主编，马长春、殷国松、梁金娥、齐静、林闯参与编写。

图书在版编目（CIP）数据

智能网联汽车整车综合测试习题册 / 李凤琪主编 . -- 北京：中国劳动社会保障出版社，2024

全国职业院校智能网联汽车新形态工作手册式教材　全国技工院校智能网联汽车工学一体化教材

ISBN 978-7-5167-6324-7

Ⅰ. ①智…　Ⅱ. ①李…　Ⅲ. ①汽车 – 智能通信网 – 测试 – 职业教育 – 教材　Ⅳ. ①U463.67

中国国家版本馆 CIP 数据核字（2024）第 058715 号

中国劳动社会保障出版社出版发行

（北京市惠新东街 1 号　邮政编码：100029）

*

保定市中画美凯印刷有限公司印刷装订　　新华书店经销

787 毫米 ×1092 毫米　16 开本　3.75 印张　58 千字

2024 年 3 月第 1 版　　2024 年 3 月第 1 次印刷

定价：10.00 元

营销中心电话：400-606-6496

出版社网址：http://www.class.com.cn

http://jg.class.com.cn

Contents 目录

情境一
测试任务策划与车辆检查

任务一　整车测试任务策划

一、填空题

1. 智能网联汽车是指搭载先进的车载________、________、________等装置，融合现代通信与网络技术，实现车与 X（车、路、人、天气等）智能信息交换、共享，具备复杂环境感知、智能决策、协同控制等功能，可实现________、高效、________、节能行驶，并最终实现____________的新一代汽车。

2. 智能网联汽车在技术上是________________汽车与________________汽车的结合。

3. 先进驾驶辅助系统（ADAS）是利用安装在车辆上的____________________、____________、____________及________________等部件实时检测驾驶员、车辆和行驶环境，通过信息提醒以及对车辆进行运动控制的方式，辅助驾驶员完成驾驶任务，主动避免或减轻交通事故危害的先进汽车驾驶系统。

4. 在《汽车驾驶自动化分级》（GB/T 40429—2021）中将驾驶自动化分为 6 个等级，其中，0 级到 2 级驾驶自动化系统是________________的助手。

5. 根据测试对象的不同，汽车测试可分为________________、________________和________________。

6. 根据技术手段与方法不同，智能网联汽车测试可分为__________________、________________、________________、________________、__________________和________________等类型。

7. 测试标准又被称为试验标准，不同于一般性的测试方法，具有______________、

________________、________________和________________等特征。

二、选择题

1. 常见的先进驾驶辅助系统（ADAS）不包括（　　）功能。

A. 前向碰撞预警　　B. 驾驶员疲劳预警

C. 定速保持　　D. 自动泊车辅助

2. 应急辅助驾驶功能属于（　　）级驾驶自动化。

A. 0　　B. 1　　C. 2　　D. 3

3. 组合驾驶辅助功能属于（　　）级驾驶自动化。

A. 1　　B. 2　　C. 3　　D. 4

4. 可由系统自主工作，驾驶员仅在必要时接管，进行人为干预的是（　　）级驾驶自动化。

A. 3　　B. 4　　C. 5　　D. 6

5. 配备 3 级驾驶自动化系统的智能网联汽车才能实现（　　）。

A. 信息共享　　B. 人机共驾　　C. 人机交流　　D. 无须安装转向盘

6. 汽车开发流程一般采用（　　）形开发模式。

A. A　　B. V　　C. W　　D. U

7. 汽车专项测试不包括（　　）测试。

A. 汽车能耗　　B. 噪声　　C. 排放　　D. 产品定型

8. 我国国家标准的编号采用（　　）开头。

A. GB　　B. VB　　C. QC　　D. T

9. 在汽车测试标准中，ISO 代表的是（　　）。

A. 国际标准　　B. 国家与地方标准

C. 行业标准　　D. 企业标准

10. 测试标准类型中一般带有（　　）的标准为推荐性标准。

A. GB　　B. QC　　C. T　　D. ISO

三、判断题

1. 自主式智能汽车与网联式智能汽车两种技术在实现上的难点是相同的。（　　）

2. 我国 2021 年发布了国家标准《汽车驾驶自动化分级》（GB/T 40429—2021），为汽车自动驾驶级别进行定义，将汽车的驾驶自动化等级分为 1 级驾驶自动化到 6 级驾驶自动化共 6 个级别。（　　）

3. 在 1 级驾驶自动化系统运行中，驾驶员和驾驶自动化系统共同执行全部动态驾驶任务，并监管驾驶自动化系统的行为和执行适当的响应或操作。（　　）

4. 5 级驾驶自动化系统与 4 级驾驶自动化系统最大的区别在于技术，车辆在可行驶环境下没有设计运行范围的限制。（　　）

5. 根据国家标准的分级，目前 3 级智能网联汽车已经成为市场主流车型。（　　）

6. 传统汽车整车综合测试的任务主要针对车辆动力性能、经济性能、制动性能等整车主要技术性能进行。（　　）

7. 智能网联汽车的综合测试主要分为基于功能的测试和基于场景的测试。（　　）

8. 测试标准又被称为试验标准，一般会在三年或更短的时间内被修订一次，且版本号随之更新。（　　）

四、简答题

1. 在智能网联汽车自动驾驶级别中，在高度自动驾驶系统下“自动执行最小风险策略”的含义是什么？

2. 汽车测试在广义及狭义上的定义分别是什么？

3. 整车测试类国家标准的查询方法有哪些？

任务二　车辆唯一性与外观检查

一、填空题

1. 根据动力源不同，汽车一般可分为____________与________________。

2. 整车综合测试工作中的________________是对被测智能网联汽车整车信息进行

核查。

3. 车辆外观检查是通过目视的方式检查车辆外部________，车内________、________和________等项目。

4. 车辆前部照明与信号灯主要是指安装在车辆前部的照明与信号灯，包括________、________、________、________、________、________等。

5. 智能网联汽车主要的人机交互界面包括________、________、________和________等重要行车信息。

6. 智能座舱主要由________、________、________、________、________、________、________、________八个功能模块组成。

7. 智能网联汽车外观检测的顺序是________、________。

二、选择题

1. 国家标准《机动车辆及挂车分类》（GB/T 15089—2001）中将汽车分为（　　）类。

A. 四　　B. 五　　C. 六　　D. 七

2. 我国机动车号牌中，小型新能源汽车的号牌颜色为（　　）。

A. 蓝底白字　　B. 渐变绿色底黑字

C. 白底黑字　　D. 黄底黑字

3. 整车综合测试前，外部照明与信号灯的检查一般不包含（　　）检查工作。

A. 照明功能　　B. 信号功能　　C. 开关　　D. 照明线路

4. 智能网联汽车车身四周安装有多种（　　）传感器。

A. 环境温度　　B. 环境感知　　C. 外部探测　　D. 行人感知

5. 智能网联汽车视觉传感器不包括（　　）摄像头。

A. 激光　　B. 前视　　C. 环视　　D. 后视

三、判断题

1. 智能网联汽车技术除应用在无人驾驶道路车辆上外，还应用在无人驾驶轨道车辆上。 (　　)

2. 我国机动车号牌上，第二部分号牌编号字符位数为 5 位，可由阿拉伯数字从 0 到 9 共 10 个数字、英文字母从 A 到 Z 共 26 个字母组合而成。 (　　)

3. 智能网联汽车的驾乘空间与传统汽车的“驾驶室”并无太大差异。 (　　)

4. 车辆环境感知传感器主要包括各类摄像头（视觉传感器）、毫米波雷达、超声波雷达，部分车型还安装有激光雷达。 (　　)

5. 进行超声波雷达检查时，应逐一检查车辆前后左右四周各个超声波雷达探头相对车身表面是否安装平整，探头有无磕碰凹坑，探头表面是否存在污损。 (　　)

四、简答题

1. 在进行整车综合测试前，应进行外部照明与信号灯的检查，具体方法是什么？

2. 在进行整车综合测试前，需要对组合仪表与中控屏重点检查的项目主要有哪些？

任务三　车辆底盘与安全装置检查

一、填空题

1. 汽车底盘由____________、____________、____________和____________四部分组成。

2. 汽车行驶系部件主要包含____________、____________与____________，用于支撑全车及驾乘人员的重量。

3. 整车测试的智能网联试验车辆基本安全装置可分为________________、________________、________________、________________、________________和________________七个大类。

4. 在车辆紧急处置装置中，普通轿车常用灭火器主要是________________和____________________。

5. 检查车辆安全装置中的急停按钮时，主要的检查内容有：__________、__________以及__________。

二、选择题

1. 在智能网联汽车系统中，车辆底盘属于智能驾驶系统的（　　）层。

A. 执行　　B. 控制　　C. 决策　　D. 计算

2. 智能网联汽车底盘检查项目可分为部件检查和（　　）检查两大类。

A. 静态　　B. 动态　　C. 总成　　D. 系统

3. 驾驶车辆或者操控车辆行驶时，起步并行驶到规定车速以上，车辆方向为正直行驶后，一般不采用（　　）方式检查车辆行驶是否平稳，是否存在异响。

A. 目视　　B. 耳听　　C. 操作感知　　D. 车外观察

4.（　　）属于车辆安全装置中的被动安全类装置。

A. 灭火器　　B. 应急锤　　C. 安全带　　D. 报警装置

5. 在车辆安全装置中，车辆标识装置警告牌的外观、形状应符合（　　）标准规定。

A. 国际　　B. 国家　　C. 行业　　D. 企业

三、判断题

1. 车辆底盘的技术状态动态检查主要包括转向功能、传动功能和制动功能检查。（　　）

2. 汽车传动系统基本功能是将动力系统（即发动机或驱动电机）发出的动力传递给车轮。（　　）

3. 汽车转向系部件是用于改变或恢复汽车行驶方向的底盘子系统，主要由转向盘转向管柱、转向器、传动系统与转向助力系统组成。（　　）

4. 汽车制动系部件的功能是使车辆在行驶中减速和停车，在下坡行驶时保持车速稳定，并可以使已停车辆保持不动。（　　）

5. 汽车安全带应进行目视和操作检查，要求安全带完好且可以正常使用，不得有坐垫等物品遮挡安全带插扣。（　　）

6. 汽车安全装置是仅用于保护车辆驾乘人员的多种安全设备和系统的统称。（　　）

四、简答题

1. 简述智能网联汽车底盘传动系部件的检查方法。

2. 简述智能网联汽车底盘行驶系部件的检查方法。

3. 简述智能网联汽车底盘转向系部件的检查方法。

4. 简述智能网联汽车底盘制动系部件的检查方法。

任务四　车辆尺寸参数测量与数据处理

一、填空题

1. 车辆高度包含两个相关参数，分别为________和________。

2. 在车辆外廓尺寸中，车高为________条件下，车辆最高点到地面的距离。

3. 汽车的载荷状态有________、________和________

三种。

4. 测量工作的误差主要是由____________、____________和____________三方面原因引起的。

5. 测量中的运算误差是在进行数据处理时，由于__________、__________、__________或经验公式以及作图不当所引起的。

二、选择题

1. 在车辆尺寸参数测量上，为了便于对车辆的各尺寸参数进行定义、测量和标注，工程师在车辆设计时建立了三个相互垂直的（　　）。

A. 空间平面　　B. 平面坐标　　C. 参数　　D. 三维坐标

2. 以下车辆参数中，不受汽车轴距决定的是（　　）。

A. 车辆整备质量　　B. 车辆长度

C. 最小转弯半径　　D. 满载质量

3. 在进行车辆外部尺寸参数测量时，不常用的测量工具为（　　）。

A. 高度尺　　B. 钢直尺　　C. 钢卷尺　　D. 水平仪

4. 在进行数据测量时，（　　）不会引起测量误差。

A. 测试方法不合理　　B. 仪器安装位置不当和使用不当

C. 读数或记录数值时不够精准　　D. 测量时间过长或过短

5. 在数据处理中，将多次测量结果相加，然后除以测量次数的数据处理方法称为（　　）计算。

A. 相对　　B. 求和　　C. 平均值　　D. 累计

三、判断题

1. 智能网联汽车基本外部几何参数主要有外廓尺寸、轴距、轮距、前悬、后悬等。（　　）

2. 在车辆尺寸参数测量中，车辆特征点是尺寸测量的基准点，典型的车辆特征点为前后车轮的中心位置。 （　）

3. 物理上测量测得的量值与真值的差称为误差，在实际工作中应尽量杜绝误差，将误差控制在允许的范围内。 （　）

4. 精密度是指测量结果的离散程度，表示随机误差的大小。在现实工作过程中，精密度与粗糙度含义相同。 （　）

5. 在测量工作开展时，合格的测量工作以是否得到精度高的测量结果为主要评价指标，即一定要求精密度高。 （　）

四、简答题

1. 简述测量车辆外部尺寸参数的方法。

2. 在进行车辆尺寸参数检测前，有哪些准备工作？

情境二
先进驾驶辅助系统与自动驾驶系统整车综合测试

任务五　测试场景搭建

一、填空题

1. 根据测试功能的需要，测试场景用于模拟__________的交通驾驶场景和情形。

2. 测试场景的要素由所期望检验的__________与________________决定，通常包含道路设施、环境天气和其他交通参与者。

3. 根据随时间变化情况，测试场景要素可分为__________与________。

4. 测试场景要素可根据性质分为______________和________________两大类。

5. 测试车辆基础信息包括____________、____________和____________三个部分。

6. 车辆目标信息为车辆驾驶任务，其主要影响测试场景的________________和______________。

7. 智能网联汽车整车综合测试的实车测试场地主要有____________________、________________和__________________三大类。

二、选择题

1. 交通环境要素主要包括（　　）。

A. 天气光照要素　　B. 静态道路信息

C. 动态道路信息　　D. 以上选项都对

2. 下列不属于动态道路信息的是（　　）。

A. 交通标线　　B. 交通拥堵

C. 信号装置检修　　D. 通信环境变化

3. 下列不属于静态道路信息的是（　　）。

A. 道路　　B. 交通标志

C. 位置不变的其他交通参与者　　D. 光照

4. 建立测试场景库不采用（　　）途径。

A. 真实数据采集　　B. 模拟数据生成

C. 模拟数据采集　　D. 专家经验设计

5. 交通参与者信息不包括（　　）。

A. 路边的行人信息　　B. 交通标志

C. 非机动车信息　　D. 机动车信息

三、判断题

1. 天气光照要素（如顺光、逆光、夜晚、雾天等）不会严重影响车辆各类环境感知传感器的工作能力。（　　）

2. 传统汽车的驾驶员在日常使用和极端情况下，不需要针对不同场景采取不同的驾驶行为。（　　）

3. 如果希望智能网联汽车的先进驾驶辅助系统和自动驾驶系统辅助或在相当程度上代替人类驾驶员，其测试所需要的测试场景也应是数量众多且复杂程度各异的。（　　）

4. 数据采集车应加装相同的传感器以获取相应的场景数据。（　　）

5. 数据采集车一般改装自传统汽车，通过加装激光雷达、摄像头、高精度惯性导航装置等，组成一个多传感器数据采集平台。（　　）

6. 车辆固有状态信息主要为车辆的几何尺寸、性能、驾驶系统，如车辆的尺寸越大，其所需的物理空间越小。（　　）

7. 车辆目标信息主要包括前方人行道及行人、右后方自行车骑行人等，测试场景中十字路口左侧及左后方的车辆和行人均不必作为自动驾驶系统探测和决策的目标。 （　　）

8. 室内封闭测试场地的准备工作主要是对车道形状、车道宽度、车道转弯半径、道路交通标线、测试用辅助线、路口、人行道、道路材质、场地平整度与清洁度、安全因素等进行确认。 （　　）

9. 室外测试场地由于受空间和占地面积限制，应尽可能模拟真实道路环境，一般包含高速道路、城市道路、乡村道路及其附属设施。 （　　）

10. 开放道路测试场地的准备在充分研究测试场地用途的基础上，还需要遵守相关法律法规和政府规定，以保证场地的正确使用。 （　　）

四、简答题

1. 简述测试场景的定义。

2. 测试场景库的建立方法包括真实数据采集和模拟数据生成，简述两种方法的建立途径。

任务六　整车视觉识别系统综合测试

一、填空题

1. 智能网联汽车视觉感知系统是使用__________作为传感器，对包括车辆前方在内的车辆周围交通环境进行探测和识别的系统。视觉感知系统由____________、____________、____________和__________组成。

2. 在视觉识别阶段，系统主要完成兴趣区域______________、______________与____________三个过程。

3. 基于道路特征的识别方法主要是利用车道线与道路之间的________________对图像进行分割和处理，突出道路特征，实现车道线检测。

4. 基于纹理特征进行识别的算法主要通过对包含多个像素点的区域中的_________和____________进行计算，从而对车道线进行识别。

5. 整车车道线识别系统综合测试前要确定______________，即是车道边线识别还是车道中线循线。

6. 传统的红绿灯识别算法分为基于____________和____________信息的检测算法和基于____________的检测算法两种。

二、选择题

1. 根据不同 ADAS 功能的要求分类，视觉感知系统不包括（　　）系统。

A. 前视　　B. 后视　　C. 环视　　D. 内视

2. 智能网联汽车单车智能系统使用视觉感知系统对红绿灯进行识别，不能识别

（　　）色的信号灯。

A. 红　　　　B. 黄　　　　C. 蓝　　　　D. 绿

3. 车道线是用来管制和引导交通的一种标线，下列标识中不属于其组成部分的是（　　）。

A. 线条　　　　B. 箭头　　　　C. 文字　　　　D. 红绿灯

4. 单车智能红绿灯识别是基于（　　）的识别技术，识别效果与光线、环境等外界因素紧密相关。

A. 视觉　　　　B. 听觉　　　　C. 模拟　　　　D. 经验

5. 低速自动驾驶车辆在沿着地面提前施画的路径线行驶时，一般采用车道线识别技术进行车道（　　）线循线。

A. 边　　　　B. 中　　　　C. 交通标志　　　　D. 侧

三、判断题

1. 视觉感知系统中，前视摄像头安装于前保险杠上，与车内后视镜集成，位于车辆正中位置。（　　）

2. 视觉感知系统中，环视摄像头安装于车身两侧前翼子板以及车身 B 柱等位置，用于为驾驶员补充视野盲区交通环境信息以及实现相关的 ADAS 功能。（　　）

3. 车辆计算平台通常安装于车辆仪表板上方，其作用是处理摄像头拍摄的图像信息供驾驶员观看和 ADAS 使用。（　　）

4. 红绿灯有路侧较低位置和车道上方较高位置等不同的安装位置，因此视觉识别系统“看”红绿灯必须具备广阔的视野。（　　）

5. 在计算机视觉技术领域，红绿灯检测属于大物体检测。（　　）

6. 除了单车智能识别系统之外，智能网联汽车也采用“车路协同 + 高精度地图 + 视觉识别”的组合方式，简称为 V2X 方式。（　　）

7. 兴趣区域修正又称纠正，是对图片中红绿灯所在区域进行智能圈画。（　　）

四、简答题

1. 简述视觉感知系统主要功能中车道系统线识别的主要内容。

2. 简述整车车道线识别系统综合测试的内容。

任务七　自适应巡航控制（ACC）系统测试

一、填空题

1. 自适应巡航控制（ACC）系统是通过对本车____________的控制使汽车可自主

在系统开启全程，始终与前车保持__________的一种先进驾驶辅助系统（ADAS）。

2. 自适应巡航控制（ACC）系统也被一些车企命名为__________________。

3. 常规巡航控制系统又称为________________，是可以实现车辆按照驾驶员预先设定__________自主行驶的辅助驾驶系统。

4. ACC 系统在常规巡航控制系统功能的基础上，通过加装于车辆前方的__________________，实现了可自主控制两车______________的先进功能。

5. ACC 系统所采用的测距传感器技术方案中比较典型的是同时使用________和____________进行与前车的测距。

6. 控制组件主要用于结合____________和____________________向各执行部件发送指令来控制车辆的行驶速度。

7. 对 ACC 系统基本功能的测试与评价主要考察____________、____________、______________、______________四类基本能力。

二、选择题

1. ACC 系统常用的使用场景不包括（　　）。

A. 快速车道　　B. 高速公路　　C. 一般拥堵路段　　D. 高度拥堵路段

2. ACC 系统可以极大地减轻驾驶员的疲劳强度，避免发生车辆追尾事故，全面提升车辆的舒适性与（　　）性。

A. 经济　　B. 安全　　C. 高速　　D. 智能

3. ACC 系统的组成不包括（　　）。

A. 近光灯　　B. 测距传感器　　C. 中控显示屏　　D. 制动器

4. ACC 系统的工作过程不包含（　　）工作状态。

A. 关闭　　B. 打开　　C. 等待　　D. 工作

5. 当车速低于预先设定的最低工作车速时，禁止触发 ACC（　　）状态。

A. 关闭　　B. 打开　　C. 等待　　D. 工作

三、判断题

1. 毫米波雷达一般安装于车辆前保险杠内侧，可探测车辆前方 500 m 左右的距离。（　）

2. 前视摄像头一般安装于车辆前风窗玻璃前侧，与车内后视镜集成在一起。（　）

3. 转向角传感器安装在车辆转向管柱附近，用于判别车辆的行驶方向。（　）

4. 当 ACC 系统处于工作状态时，本车通过对速度的自主控制与前车保持一定的车间距或按照预先设定的速度行驶，一般以两者中速度较高者为准。（　）

5. 直道探测能力是指在车辆沿着直道行驶时，ACC 系统可以准确探测出与前车的车间距。（　）

6. ACC 系统测试的推荐性国家标准为《智能运输系统自适应巡航控制系统性能要求与检测方法》（GB/T 20608—2006）。（　）

7. 在 ACC 系统弯道综合测试中，测试场景道路为最多包含一条弯道的车道。（　）

四、简答题

1. 简述 ACC 系统的工作原理。

2. 简述 ACC 系统直道综合测试的方法。

任务八　车道保持辅助（LKA）系统测试

一、填空题

1. 车道保持辅助系统是通过________________识别本车相对于车道__________的位置。

2. LKA 系统的核心是用于检测车道线的__________，通常安装在内后视镜前面的风窗玻璃上。

3. 车道保持辅助系统功能检查分为四个步骤，即____________、______________、______________、______________。其中______________可判断系统能否正常进行模式选择。

4. 车道保持辅助系统是车道偏离预警系统加入了__________________________后

的进一步升级。

5. LKA 系统适用于____________和路况良好的____________，激活时通常会在组合仪表上进行____________或__________提示。

二、选择题

1. (　　) 是导致 LKA 系统失效而无法正常工作的原因。

A. 沙尘暴　　B. 车速太高　　C. 交叉路口　　D. 以上选项都对

2. LKA 系统测试场景不包括 (　　)。

A. 车辆左侧偏离出实线　　B. 车辆右侧偏离出实线

C. 无车道线　　D. 虚车道线

3. LKA 系统进行实线测试时，测试速度为 (　　) km/h。

A. 80　　B. 70　　C. 60　　D. 50

4. LKA 系统进行实线测试时，偏离速度不包括 (　　) m/s。

A. 0.3　　B. 0.4　　C. 0.5　　D. 0.6

5. LKA 系统控制逻辑的执行机构不包括 (　　) 系统。

A. 车辆显示　　B. 传动　　C. 转向　　D. 制动

三、判断题

1. 车道保持辅助系统不属于智能驾驶辅助系统。 (　　)

2. LKA 系统适用于高速公路和路况良好的普通公路，在 LKA 系统功能为开启状态且车速超过 80 km/h 时才会被激活。 (　　)

3. 当车辆靠近识别出的边界线而要驶离该车道时，转向盘振动警告在车辆靠近和穿过车道边界线时只出现一次。 (　　)

4. 当 LKA 系统的摄像头出现故障时，组合仪表上不会同步进行图文或声音提示，

对驾驶员进行报警。（　　）

5. 车道保持辅助（LKA）系统是车道偏离预警（LDW）系统的功能升级，因此在汽车上无须设置一个独立按键。（　　）

四、简答题

1. LKA 系统发出警告后，根据驾驶员的反馈行为，有哪些应用场景？

2. 在哪些情况下，LKA 系统可能会失效而无法正常工作？

任务九 自动紧急制动（AEB）系统测试

一、填空题

1. 自动紧急制动（AEB）系统是指车辆在正常行驶过程中，当车辆探测到与前方障碍物距离________时，自主进行________和________以避免碰撞事故发生的一种先进驾驶辅助系统。

2. AEB 系统主要由________、________和________等组成。

3. AEB 系统综合测试是在________的情境下进行的，测试人员在进行 AEB 系统综合测试时必须________，工作要求________，避免发生________或________的事故。

4. AEB 系统测试主要分为________、________两类，具体为________自动紧急制动系统测试与________自动紧急制动系统测试。

5. 控制模块对数据进行分析，将测出的距离与________、________进行比较，小于警报距离时就进行________，而小于安全距离时即使在驾驶员没有来得及踩制动踏板的情况下，AEB 系统也会进行________。

6. 测试场景编号“CPFA-50 白天”意为白天时，在没有采取制动措施的情况下，车辆与________横穿的成年行人发生碰撞，且碰撞位置发生在车辆的________。

二、选择题

1. 有交通研究机构预估，（　　）系统将会是未来最有可能被作为法律要求强制安装的先进驾驶辅助系统。

A. 自适应巡航控制（ACC）　　B. 车道保持辅助（LKA）

C. 自动紧急制动（AEB）　　D. 盲区监测（BSD）

2. 随着技术进步，AEB 系统功能作为自动驾驶系统重要的功能正在不断完善，但（　　）和驾驶心理问题始终是技术普及的难点。

A. 法律　　B. 经济　　C. 政治　　D. 社会

3. AEB 系统的基本设计概念是当车辆探测到危险时，迅速代替驾驶员进行车辆紧急制动直至完全停车，其工作过程根据与前方障碍物之间的距离可分为（　　）个阶段。

A. 二　　B. 三　　C. 四　　D. 五

4. 当车辆探测到与前车即将发生碰撞时，系统会（　　），避免碰撞事故的发生。

A. 发出警告音　　B. 亮起仪表盘指示灯

C. 实施轻微制动　　D. 实施强力制动

5. 进行车辆追尾自动紧急制动系统测试时，在前车慢性测试场景下，当前车以 20 km/h 的车速行驶时，验证车辆（后车）不能以（　　）km/h 的车速行驶。

A. 20　　B. 30　　C. 40　　D. 50

6. 行人自动紧急制动系统测试场景编号“CPNA 白天”是指（　　）场景。

A. 车辆直行、行人日间近端穿行　　B. 车辆直行、行人日间远端穿行

C. 车辆直行、行人夜间远端穿行　　D. 车辆直行、行人日间纵向穿行

三、判断题

1. AEB 系统是 ADAS 中最典型的一种主动安全系统。（　　）

2. 测距模块主要采用短距离毫米波雷达、摄像头等环境感知传感器对前车、行人或障碍物进行距离探测。（　　）

3. AEB 系统的功能设置与 ACC 系统相比较为简单，通常只有开启与关闭两种状态。（　　）

4. 车辆追尾自动紧急制动系统测试时，前车静止，验证车辆以三个不同速度行驶，

测试 AEB 系统的性能。 （ ）

5. 根据相关调研报告，配装 AEB 系统的车辆发生追尾事故的概率为未配装 AEB 系统的车辆发生事故概率的 70%。 （ ）

6. 测试场景“CPLA-50”是指在没有采取制动措施的情况下，车辆与前方同向的成年行人发生碰撞，且碰撞位置在车辆的正前方。“CPLA-25”场景的碰撞位置在车辆的斜前方。 （ ）

四、简答题

1. 画出 AEB 系统的控制逻辑，并做简要分析。

2. 在应用 AEB 系统时需要注意哪些问题？

3. 简述 AEB 系统的工作过程。

任务十　盲区监测（BSD）系统测试

一、填空题

1. 驾驶员视野盲区是指车辆四周，驾驶员无法通过________直接看到，也无法通过________与________看到的区域。

2. 盲区监测（BSD）系统是通过________实时监测驾驶员视野盲区，并在其盲区内出现其他交通参与者或障碍物时发出________提醒驾驶员注意的一种先进驾驶辅助系统。

3. BSD 系统主要由________、________和________等组成。

4. BSD 控制器安装在________或者与车辆 ADAS 控制器集成，用于根据________、________等信息计算________，并控制危险报警组件。

5. 测试 BSD 系统可依据____________________________内的 BSD 相关标准，以及国家标准《道路车辆 盲区监测（BSD）系统性能要求及试验方法》（GB/T 39265—__________）。

6. BSD 系统测试中关于道路上车与车之间的功能测试主要由________________________和____________两个测试场景组成。

7. 在直线道路并道测试场景中，试验车辆和目标车辆均以__________km/h 的速度匀速直线行驶，行驶过程中保持试验车辆车身最外缘与目标车辆车身最外缘之间的横向距离为__________m。

二、选择题

1. 乘用车主要有四个驾驶员视野盲区，分别是位于车辆中心线两侧，车辆侧后方靠前和靠后的四个（　　）区域。

A. 矩形　　B. 三角形　　C. 平行　　D. 放射状

2. 在功能开启的状态下，达到一定车速后 BSD 系统自动激活。不同车型的该设定值存在差异，一般车速为（　　）km/h。

A. 20　　B. 30　　C. 40　　D. 50

3. 环境感知组件用于实时探测驾驶员视野盲区，所使用的传感器主要是（　　）和车用摄像头。

A. 激光雷达　　B. 毫米波雷达

C. 超声波雷达　　D. 视觉传感器

4. BSD 系统一般使用单目广角摄像头，安装于车辆两侧翼子板外侧，朝向车辆（　　）方。

A. 正前　　B. 侧前　　C. 正后　　D. 侧后

5. 危险报警组件由可闪烁的警示灯和蜂鸣报警器组成。警示灯一般安装在车外后视镜上或者靠近车外后视镜的车内（　　）靠下位置，便于在驾驶员使用车外后视镜

时可以看到。

A. A 柱　　B. B 柱　　C. 车门　　D. 显示器

6. BSD 系统在直线道路目标车辆超越试验车辆测试场景时，试验车辆以 50 km/h 的速度匀速直线行驶，目标车辆匀速行驶并超越试验车辆。当试验车辆最后缘与目标车辆最前缘的纵向距离为（　　）m 时试验开始，当目标车辆的最前缘超越试验车辆 C 线 3 m 时，试验结束。

A. 11　　B. 22　　C. 33　　D. 44

三、判断题

1. 受限于车辆外观尺寸、车内外后视镜尺寸等因素，传统汽车在设计上都难以避免驾驶员视野盲区的存在。（　　）

2. 卡车由于车辆外部尺寸更大，驾驶员视野相对乘用车更高，且有较高的货箱或货柜，因此卡车驾驶员视野盲区主要是车辆正前方靠下的区域、左右侧后方一定放射状区域和车辆正后方一段区域。（　　）

3. BSD 系统一般使用 24 GHz 窄带毫米波短程雷达，最远探测距离为 50 ~ 70 cm。（　　）

4. BSD 系统除了探测车辆视野盲区，还能在雨雪、大雾、冰雹等恶劣天气和夜间光线昏暗导致驾驶员的观察受影响时，有效帮助驾驶员及时发现本车周围的车辆和行人，避免碰撞或刮擦事故的发生。（　　）

5. 补盲激光雷达一般安装在车辆左前方和右前方。超声波雷达的数量通常为 2 ~ 5 个，均匀分布在车身靠下位置的四周。（　　）

6. 左后视镜报警指示灯未亮、右后视镜报警指示灯常亮，驾驶员可向右变道，若向左变道则左后视镜报警指示灯从常亮变为闪烁状态进行视觉提示，且车内同时进行声音报警提示。（　　）

四、简答题

1. 简述盲区监测系统的工作过程。

2. 在应用 BSD 系统时有哪些注意事项?

3. 简述 BSD 系统的应用条件。

任务十一　智能泊车辅助（IPA）系统测试

一、填空题

1. 智能泊车辅助系统是在车辆泊车时，系统自动检测____________并为驾驶员提供____________和____________等辅助功能的一种 ADAS。

2. 视觉传感器与超声波雷达融合方案是在全超声波雷达方案的基础上再增加 4 个__________________________形成 360° 环视效果，分别布置在车辆________________和__________和__________________（通常与倒车影像摄像头的安装位置一致）及车外左右后视镜四处。

3. 全景摄像头系统工作时，摄像头分别拍摄车身周围各区域的地面图像，然后通过________进行拼接，实现__________________观测。

4. IPA 系统操作过程一般由三部分组成，分别是_______________、____________、和____________。

5. IPA 系统综合测试主要有______________车位泊车测试、_______________车位泊车测试、_______________车位泊车测试、_______________车位泊车测试四个场景。

6. IPA 系统测试前需进行制动系统预热，预热流程为将车辆加速至__________km/h，全力制动至车辆静止，共进行________次，完成最后一次制动后以________km/h 的车速行驶____________min 对制动器进行冷却。

二、选择题

1. 全超声波雷达方案的 IPA 系统采用在车身的前后各安装若干短距离超声波雷达，在车身左右两侧各安装若干长距离超声波雷达，构成（　　）的布置格局。

A. 前方 4 个，侧方 2 个，后方 4 个　　B. 前方 4 个，侧方 4 个，后方 4 个

C. 前方 2 个，侧方 2 个，后方 2 个　　D. 前方 2 个，侧方 4 个，后方 2 个

2. IPA 系统只有在功能开启且车辆低速行驶的条件下才能激活，通常车速要求低于（　　）km/h，各品牌车型对于 IPA 系统的操作方式及启用条件的设计存在一定差异。

A. 20　　B. 30　　C. 40　　D. 50

3. 当驾驶员有（　　）行为时，IPA 系统会立即停止泊车行为或自动退出，若需要恢复泊车进程，需要按照系统提示进行操作。

A. 打开车门　　B. 踩下制动踏板

C. 踩下加速踏板　　D. 以上选项都对

4. IPA 系统测试前需要进行制动系统预热，制动系统最后一次预热和正式测试相隔时间至少为（　　）min。

A. 1　　B. 3　　C. 5　　D. 10

5. 模拟车辆泊车位夹在前后两车中间，车辆需要侧方位停车的场景是在进行（　　）车位泊车测试。

A. 双边界车辆平行　　B. 白色标线平行

C. 双边界车辆垂直　　D. 白色标线垂直

三、判断题

1. IPA 系统的传感器配置有全超声波雷达、视觉传感器与超声波雷达融合两种技术方案，其中全超声波雷达方案已成为目前的市场主流应用。（　　）

2. 自动泊车系统只是起到了辅助泊车的作用，不能完全代替驾驶员，在泊车过程中仍需要驾驶员观察确认周边环境，防止发生碰撞事故。（　　）

3. 所有空隙或停车位都可实现自动泊车。（　　）

4. 当 IPA 系统出现故障时（如摄像头被遮挡等），IPA 系统会自动退出，并对驾驶员进行图文和声音提示。（　　）

5. IPA 系统的按键布置根据车型有所不同，有些车上会设有一个独立按键，进行一键开关设置；也有车型采用 ADAS 功能集成设置，可直接在中控显示屏进行触屏操作；还有些车型设有独立按键与触屏操作。（　　）

6. 双边界车辆垂直车位泊车测试时采用三个连续的标线垂直车位并放置停车锁。测试时将中间车位停车锁收起，两侧车位停车锁展开立起。考察 IPA 系统是否能准确识别并泊入无障碍物的目标停车位。（　　）

四、简答题

1. 简述 IPA 系统的工作原理。

2. 简述 IPA 系统的测试条件。

3. IPA 系统泊车能力评价指标有哪些？

任务十二　自动驾驶循迹系统测试

一、填空题

1. 自动驾驶要求定位系统能够__________、__________感知自身在全局环

境中的____________位置，且定位精度要求达到____________，同时要求具有较高的____________和____________。

2. 随着无线通信技术的发展，________________、________________________和________________被广泛应用于高精地图定位与汽车自定位的辅助，实现定位的高可靠度和高安全性。

3. 在自动驾驶循迹过程中，车辆____________不得与____________有明显偏差，包括________________的行驶全程。行驶速度应符合预设数值且车辆____________。

4. 主流的自动驾驶定位技术大致分为__________________、________________和________________三类。

5. 激光雷达系统一般由____________、__________________和____________三个部分组成。

6. 同步定位与地图构建有两种实现形式，分别为____________和____________。

二、选择题

1. (　　) 在自动驾驶中扮演核心角色。

A. 高精度地图　　B. 汽车自身定位

C. 无线通信辅助定位　　D. 地图匹配

2. 航位推算的本质是在初始位置上累加(　　) 计算当前的位置，它是一个信息累加的过程。

A. 距离　　B. 位移矢量　　C. 位置矢量　　D. 位置坐标

3. 在点云图像中，(　　) 代表了激光反射的强度差异，可用于区分环境物体材质以进行被识别物归类。

A. 颜色　　B. 大小　　C. 位置　　D. 形状

4. 在进行定位和建图时，SLAM 主要借助(　　) 来获取原始数据。

A. 摄像头　　B. 传感器　　C. GPS　　D. 点云

5. 在进行基于激光雷达的自动驾驶过程中，需要对激光雷达点云数据进行特别处理，处理工作不包括（　　）。

A. 分割　　B. 聚类　　C. 重建　　D. 采集

6. 行驶速度应符合预设数值且车辆匀速行驶，全程不得出现（　　）问题。

A. 车辆急停　　B. 自动驾驶功能自动退出

C. 故障灯闪亮　　D. 以上选项都对

三、判断题

1. 自动驾驶循迹系统综合测试应在曲线车道的场地内进行。（　　）

2. 基于信号的定位是采用航迹递推的方法获取汽车与卫星的距离信息并进行定位的。（　　）

3. 智能网联汽车自动驾驶循迹系统是一种车辆的自动驾驶系统，可通过激光雷达系统实现先建图后沿预定路线进行自动驾驶的功能。（　　）

4. 激光发射器可发出波长为 600 ~ 1 000 nm 的激光射线。（　　）

5. 激光雷达部件检查和安装检查需要在车辆未启动时进行。（　　）

6. SLAM 通过处理来自传感器的数据，一边进行自我定位，一边实现环境地图的构建。（　　）

四、简答题

1. 简述自动驾驶循迹系统综合测试的通过标准。

2. 简述激光雷达同步定位与地图构建的工作过程。

3. 简要画出点云数据处理流程图。

情境三
模拟仿真整车系统综合测试

任务十三　模拟仿真测试环境检查

一、填空题

1. 汽车模拟仿真测试（automotive simulation testing）以____________为工具进行模拟仿真。

2. 汽车模拟仿真测试的主要类型有__________________、__________________、____________________、车辆在环测试（VIL）和________________。

3. DIL是一种基于驾驶员和硬件在环的实时仿真技术，又称____________________。

4. 计算机显示器在车辆模拟仿真测试系统中用于显示______________，进行__________，监视车辆运行情况。

5. 显示器的__________由像素点在长、宽两个方向上的数量表示。

6. 硬盘主要有__________和__________两种。

7. 行驶环境不仅是影响汽车行驶__________的因素，也是影响______________对环境检测和感知的关键因素。

二、选择题

1. 下列选项中，（　　）属于汽车模拟仿真测试系统的特点。

A. 便于进行道路交通事故的模拟　　B. 可应用多种测试场景

C. 可取巨大数据资源　　D. 以上选项都对

2. 显示器屏幕的尺寸单位为英寸，是显示器屏幕（　　）的长度。

A. 对角线　　B. 平行线　　C. 交叉线　　D. 斜线

3. 根据品牌型号可以查到的 CPU 参数不包括（　　）。

A. 内核数　　B. 线程数

C. 中央处理器基本频率　　D. 尺寸

4. 内存（RAM）也称内存储器和主存储器，用于暂时存放（　　）中的运算数据，以及与硬盘等外部存储器交换数据。

A. ECM　　B. ECU　　C. CPU　　D. UPC

5. 计算机中的硬盘型号可以通过“设备管理器”窗口中的（　　）进行查看。

A. 此电脑　　B. 磁盘驱动器　　C. 设备管理器　　D. 设备和驱动器

6. 智能网联汽车的环境感知部件一般有（　　）、超声波雷达等多种环境感知传感器以及定位和无线通信设备。

A. 视觉传感器　　B. 毫米波雷达　　C. 激光雷达　　D. 以上选项都对

三、判断题

1. 模拟仿真测试技术具有可便捷、自动地调整试验参数，自动进行测试评价和结果记录等优点。（　　）

2. 典型的模拟仿真系统由计算机主机、键盘和鼠标组成。（　　）

3. 对于模拟仿真系统，显示器、中央处理器、键盘、内存、显卡是关键配置。（　　）

4. 模拟仿真测试系统需要在显示界面上进行数量众多的参数设置和测试结果曲线分析，因此对显示器的分辨率有要求。（　　）

5. 硬盘是车辆模拟仿真测试系统中重要的存储介质，用于安装测试系统并存储测试结果数据。（　　）

6. 软件仿真模块又称仿真工具链，是构建综合测试任务的单一模块。（　　）

四、简答题

1. 显示适配器的作用是什么?

2. 什么是一体化模拟仿真技术?

任务十四　AEB 系统仿真测试

一、填空题

1. 模拟仿真软件的操作一般有__________、__________和______________三个关键步骤。

2. 模拟仿真测试过程一般包括____________、____________、______________和__________四个部分。

3. 在模拟仿真系统中，用__________工具来实现测试人员对场景进行快速便捷的组合与搭建。

4. 在场地构建界面中可以对______________、____________、________________及__________进行设置。

5. 在软件组合中，各类专门软件通常不单是接口之间的连接，还存在＿＿＿＿＿＿使用的关系。

6. 在软件组合中，常见的是汽车类＿＿＿＿＿＿＿＿与＿＿＿＿＿联合使用。

二、选择题

1. 控制系统添加是指连接车辆（　　）后，为被测对象关联特定的规划决策算法和控制执行算法等控制系统。

A. 动力学接口　　B. 传感器模型接口

C. 驾驶员模型接口　　D. 以上选项都对

2. 执行测试过程中，（　　）在进行具有相当规模的数值仿真运算。

A. 数字仿真测试　　B. 数字与模拟仿真测试

C. 模拟仿真测试　　D. 以上选项都不对

3. 在现有道路模型的基础上，可通过使用带有场景编辑功能的工具修改模型或添加场景信息，可添加的信息包括（　　）、随机交通流等。

A. 交通标识牌　　B. 信号灯

C. 路障和天气　　D. 以上选项都对

4. 车辆进行模拟仿真综合测试时，主流的做法是将（　　）个模拟仿真软件进行组合使用。

A. 2 ～ 3　　B. 1 ～ 2　　C. 10 ～ 20　　D. 5 ～ 10

5. 在 AEB 系统测试中，一般选用（　　）探测障碍物。

A. 毫米波雷达　　B. 视觉传感器　　C. 激光雷达　　D. 360° 全景影像

三、判断题

1. 在完成场景构建之后，需要对车辆环境感知系统中的传感器进行建模。（　　）

2. 传感器构建模块不支持对导入的车辆模型配置传感器。 ( )

3. 光照条件设定中无须对车辆灯光与街道灯光进行设定。 ( )

4. 目前，主流的各类模拟仿真软件在技术上各有所长。 ( )

5. 重新构建车辆模型时不能对模拟仿真系统自带的车辆模型参数进行设置。 ( )

四、简答题

1. 描述 AEB 系统仿真测试场地构建中的场景。

2. 什么是车辆构建？

综合试卷（一）

一、填空题（每空1分，共40分）

1. 智能网联汽车在技术上是________汽车与________汽车的结合。

2. 根据动力源不同，汽车一般可分为________与________。

3. 智能网联汽车外观检测的顺序是________、________。

4. 在车辆外廓尺寸中，车高为________条件下，车辆最高点到地面的距离。

5. 测试场景的要素由所期望检验的________与________决定，通常包含道路设施、环境天气和其他交通参与者。

6. 在视觉识别阶段，系统主要完成兴趣区域________、________与________三个过程。

7. 常规巡航控制系统又称为________，是可以实现车辆按照驾驶员预先设定________自主行驶的辅助驾驶系统。

8. LKA 系统的核心是用于检测车道线的________，通常安装在内后视镜前面的风窗玻璃上。

9. AEB 系统主要由________、________和________等组成。

10. BSD 系统主要由________、________和________等组成。

11. 智能泊车辅助系统是在车辆泊车时，系统自动检测________并为驾驶员提供________和________等辅助功能的一种 ADAS。

12. IPA 系统操作过程一般由三部分组成，分别是________、________和________。

13. 随着无线通信技术的发展，________、________和________被广泛应用于高精地图定位与汽车自定位的辅助，实现定位的高可靠度和高安全性。

14. 激光雷达系统一般由＿＿＿＿＿＿、＿＿＿＿＿＿＿＿和＿＿＿＿＿＿三个部分组成。

15. DIL 是一种基于驾驶员和硬件在环的实时仿真技术，又称＿＿＿＿＿＿＿＿。

16. 模拟仿真测试过程一般包括＿＿＿＿＿＿、＿＿＿＿＿＿、＿＿＿＿＿＿＿＿和＿＿＿＿＿四个部分。

17. 在软件组合中，常见的是汽车类＿＿＿＿＿＿＿＿与＿＿＿＿＿＿＿＿联合使用。

二、选择题（每题 1 分，共 20 分）

1. 可由系统自主工作，驾驶员仅在必要时接管，进行人为干预的是（　　）级驾驶自动化。

A. 3　　B. 4　　C. 5　　D. 6

2. 智能网联汽车车身四周安装有多种（　　）传感器。

A. 环境温度　　B. 环境感知

C. 外部探测　　D. 行人感知

3. 智能网联汽车底盘检查项目可分为部件检查和（　　）检查两大类。

A. 静态　　B. 动态　　C. 总成　　D. 系统

4. 在进行数据测量时，（　　）不会引起测量误差。

A. 测试方法不合理　　B. 仪器安装位置不当和使用不当

C. 读数或记录数值时不够精准　　D. 测量时间的过长或过短

5. 建立测试场景库不采用（　　）途径。

A. 真实数据采集　　B. 模拟数据生成

C. 模拟数据采集　　D. 专家经验设计

6. 根据不同 ADAS 功能的要求分类，视觉感知系统不包括（　　）系统。

A. 前视　　B. 后视　　C. 环视　　D. 内视

7. ACC 系统可以极大地减轻驾驶员的疲劳强度，避免车辆追尾事故发生，全面提升车辆的舒适性与（　　）性。

A. 经济　　B. 安全　　C. 高速　　D. 智能

8. LKA 系统测试场景不包括（　　）。

A. 车辆左侧偏离出实线　　B. 车辆右侧偏离出实线

C. 无车道线　　D. 虚车道线

9. LKA 系统在进行实线测试时，测试速度为（　　）km/h。

A. 80　　B. 70　　C. 60　　D. 50

10. 有交通研究机构预估，（　　）系统将会是未来最有可能被作为法律要求强制安装的先进驾驶辅助系统。

A. 自适应巡航控制（ACC）　　B. 车道保持辅助（LKA）

C. 自动紧急制动（AEB）　　D. 盲区监测（BSD）

11. 当车辆探测到与前车即将发生碰撞时，系统会（　　），避免碰撞事故的发生。

A. 发出警告音　　B. 亮起仪表盘指示灯

C. 实施轻微制动　　D. 实施强力制动

12. 环境感知组件用于实时探测驾驶员视野盲区，所使用的传感器主要是（　　）和车用摄像头。

A. 激光雷达　　B. 毫米波雷达

C. 超声波雷达　　D. 视觉传感器

13. BSD 系统一般使用单目广角摄像头，安装于车辆两侧翼子板外侧，朝向车辆（　　）方。

A. 正前　　B. 侧前　　C. 正后　　D. 侧后

14. IPA 系统测试前需要进行制动系统预热，制动系统最后一次预热和正式测试相隔时间至少为（　　）min。

A. 1　　B. 3　　C. 5　　D. 10

15. 航位推算的本质是在初始位置上累加（　　）计算当前的位置，它是一个信息累加的过程。

A. 距离　　B. 位移矢量

C. 位置矢量　　D. 位置坐标

16. 在进行定位和建图时，SLAM 主要借助（　　）来获取原始数据。

A. 摄像头　　B. 传感器

C. GPS　　D. 点云

17. 显示器屏幕的尺寸单位为英寸，是显示器屏幕（　　）的长度。

A. 对角线　　B. 平行线

C. 交叉线　　D. 斜线

18. 内存（RAM）也称内存储器和主存储器，用于暂时存放（　　）中的运算数据，以及与硬盘等外部存储器交换数据。

A. ECM　　B. ECU　　C. CPU　　D. UPC

19. 在现有道路模型的基础上，可通过使用带有场景编辑功能的工具修改模型或添加场景信息，可添加的信息包括（　　）、随机交通流等。

A. 交通标识牌　　B. 信号灯

C. 路障和天气　　D. 以上选项都对

20. 在 AEB 系统测试中，一般选用（　　）探测障碍物。

A. 毫米波雷达　　B. 视觉传感器

C. 激光雷达　　D. 360° 全景影像

三、判断题（每题 1 分，共 20 分）

1. 我国 2021 年发布了国家标准《汽车驾驶自动化分级》（GB/T 40429—2021），为汽车自动驾驶级别进行定义，将汽车的驾驶自动化等级分为 1 级驾驶自动化到 6 级驾驶自动化共 6 个级别。（　　）

2. 智能网联汽车的综合测试主要分为基于功能的测试和基于场景的测试。（　　）

3. 车辆环境感知传感器主要包括各类摄像头（视觉传感器）、毫米波雷达、超声波雷达，部分车型还安装有激光雷达。（　　）

4. 汽车传动系统基本功能是将动力系统（即发动机或驱动电机）发出的动力传递

给车轮。（ ）

5. 智能网联汽车基本外部几何参数主要有外廓尺寸、轴距、轮距、前悬、后悬等。（ ）

6. 数据采集车加装相同的传感器以获取相应的场景数据。（ ）

7. 数据采集车一般改装自传统汽车，通过加装激光雷达、摄像头、高精度惯性导航装置等，组成一个多传感器数据采集平台。（ ）

8. 视觉感知系统中，环视摄像头安装于车身两侧前翼子板以及车身 B 柱等位置，用于为驾驶员补充视野盲区交通环境信息以及实现相关的 ADAS 功能。（ ）

9. ACC 系统测试的推荐性国家标准为《智能运输系统自适应巡航控制系统性能要求与检测方法》（GB/T 20608—2006）。（ ）

10. LKA 系统激活时通常会在组合仪表上进行图文或声音提示。（ ）

11. LKA 系统的摄像头出现故障时，组合仪表上不会同步进行图文或声音提示，对驾驶员进行报警。（ ）

12. AEB 系统是 ADAS 中最典型的一种主动安全系统。（ ）

13. BSD 系统一般使用 24 GHz 窄带毫米波短程雷达，最远探测距离为 50 ～ 70 cm。（ ）

14. 补盲激光雷达一般安装在车辆左前方和右前方。超声波雷达的数量通常为 2 ～ 5 个，均匀分布在车身靠下位置的四周。（ ）

15. 当 IPA 系统出现故障时（如摄像头被遮挡等），IPA 系统会自动退出，并对驾驶员进行图文和声音提示。（ ）

16. 智能网联汽车自动驾驶循迹系统是一种车辆的自动驾驶系统，可通过激光雷达系统实现先建图后沿预定路线进行自动驾驶的功能。（ ）

17. 模拟仿真测试技术具有可便捷、自动地调整试验参数，自动进行测试评价和结果记录等优点。（ ）

18. 软件仿真模块又称仿真工具链，是构建综合测试任务的单一模块。（ ）

19. 传感器构建模块不支持对导入的车辆模型配置传感器。（ ）

20. 目前，主流的各类模拟仿真软件在技术上各有所长。（ ）

四、简答题（每题 4 分、共 20 分）

1. 汽车测试在广义及狭义上的定义分别是什么？

2. 简述智能网联汽车底盘行驶系部件的检查方法。

3. 简述测试场景的定义。

4. 简述 ACC 系统的工作原理。

5. 简述 AEB 系统的工作过程。

综合试卷（二）

一、填空题（每空1分，共40分）

1. 测试标准又被称为试验标准，不同于一般性的测试方法，具有__________、__________、______________和______________等特征。

2. 智能网联汽车主要的人机交互界面包括____________________、______________、______________和__________等重要行车信息。

3. 测量工作的误差主要是由______________、____________和____________三方面原因引起的。

4. 测试场景要素还根据性质分为______________和______________两大类。

5. 智能网联汽车整车综合测试的实车测试场地主要有________________、______________和________________三大类。

6. 基于纹理特征进行识别的算法主要通过对包含多个像素点的区域中的__________和__________进行计算，从而对车道线进行识别。

7. ACC系统在常规巡航控制系统功能的基础上，通过加装于车辆前方的__________________，实现了可自主控制两车____________的先进功能。

8. LKA系统适用于__________和路况良好的__________，激活时通常会在组合仪表上进行__________或_________提示。

9. 测试场景编号“CPFA-50白天”意为_________时，在没有采取制动措施的情况下，车辆与_________横穿的成年行人发生碰撞，且碰撞位置发生在车辆的__________。

10. 盲区监测（BSD）系统是通过____________________实时监测驾驶员视野盲区，并在其盲区内出现其他交通参与者或障碍物时发出_________________提醒驾驶员注意的一种先进驾驶辅助系统。

11. 全景摄像头系统工作时，摄像头分别拍摄车身周围各区域的地面图像，然后通过_______进行拼接，实现________________观测。

12. 主流的自动驾驶定位技术大致分为______________、__________________和______________三类。

13. 汽车模拟仿真测试的主要类型有_________________、_________________、__________________、车辆在环测试（VIL）和_____________________。

14. 在 AEB 系统测试中，一般选用__________探测障碍物。

15. 在软件组合中，各类专门软件通常不单是接口之间的连接，还存在__________使用的关系。

二、选择题（每题 1 分，共 20 分）

1. 常见的先进驾驶辅助系统（ADAS）不包括（　　）。

A. 前向碰撞预警　　B. 驾驶员疲劳预警

C. 定速保持　　D. 自动泊车辅助

2. 汽车开发流程一般采用（　　）形开发模式。

A. A　　B. V　　C. W　　D. U

3. 智能网联汽车视觉传感器不包括（　　）摄像头。

A. 激光　　B. 前视　　C. 环视　　D. 后视

4. 在智能网联汽车系统中，车辆底盘属于智能驾驶系统的（　　）层。

A. 执行　　B. 控制　　C. 决策　　D. 计算

5. 下列不属于静态道路信息的是（　　）。

A. 道路　　B. 交通标志

C. 位置不变的其他交通参与者　　D. 光照

6. 单车智能红绿灯识别是基于（　　）的识别技术，识别效果与光线、环境等外界因素紧密相关。

A. 视觉　　B. 听觉　　C. 模拟　　D. 经验

7. ACC 系统的组成不包括（　　）。

A. 近光灯　　B. 测距传感器

C. 中控显示屏　　D. 制动器

8. ACC 系统的工作过程不包含（　　）工作状态。

A. 关闭　　B. 打开　　C. 等待　　D. 工作

9. LKA 系统控制逻辑的执行机构不包括（　　）系统。

A. 车辆显示　　B. 传动　　C. 转向　　D. 制动

10. 行人自动紧急制动系统测试场景编号“CPNA 白天”是指（　　）场景。

A. 车辆直行、行人日间近端穿行　　B. 车辆直行、行人日间远端穿行

C. 车辆直行、行人夜间远端穿行　　D. 车辆直行、行人日间纵向穿行

11. 乘用车主要有四个驾驶员视野盲区，分别是位于车辆中心线两侧、车辆侧后方靠前和靠后的四个（　　）区域。

A. 矩形　　B. 三角形

C. 平行　　D. 放射状

12. 危险报警组件由可闪烁的警示灯和蜂鸣报警器组成。警示灯一般安装在车外后视镜上或者靠近车外后视镜的车内（　　）靠下位置，便于在驾驶员使用车外后视镜时可以看到。

A. A 柱　　B. B 柱

C. 车门　　D. 显示器

13. 当驾驶员有（　　）行为时，IPA 系统会立即停止泊车行为或自动退出，若需要恢复泊车进程，需要按照系统提示进行操作。

A. 打开车门　　B. 踩下制动踏板

C. 踩下加速踏板　　D. 以上选项都对

14. 模拟车辆泊车位夹在前后两车中间，车辆需要侧方位停车的场景是在进行（　　）车位泊车测试。

A. 双边界车辆平行　　B. 白色标线平行

C. 双边界车辆垂直　　D. 白色标线垂直

15. 在点云图像中，（　　）代表了激光反射的强度差异，可用于区分环境物体材质以进行被识别物归类。

A. 颜色　　B. 大小　　C. 位置　　D. 形状

16. 在进行基于激光雷达的自动驾驶过程中，需要对激光雷达点云数据进行特别处理，处理工作主要不包括（　　）。

A. 分割　　B. 聚类

C. 重建　　D. 采集

17. 根据品牌型号可以查到的 CPU 参数不包括（　　）。

A. 内核数　　B. 线程数

C. 中央处理器基本频率　　D. 尺寸

18. 智能网联汽车的环境感知部件一般有（　　）、超声波雷达等多种环境感知传感器以及定位和无线通信设备。

A. 视觉传感器　　B. 毫米波雷达

C. 激光雷达　　D. 以上选项都对

19. 执行测试过程中，（　　）在进行具有相当规模的数值仿真运算。

A. 数字仿真测试　　B. 数字与模拟仿真测试

C. 模拟仿真测试　　D. 以上选项都不对

20. 车辆进行模拟仿真综合测试时，主流的做法是将（　　）个模拟仿真软件进行组合使用。

A. 2 ~ 3　　B. 1 ~ 2　　C. 4 ~ 6　　D. 5 ~ 10

三、判断题（每题 1 分，共 20 分）

1. 5 级驾驶自动化系统与 4 级驾驶自动化系统的最大的区别在于技术，车辆在可行驶环境下没有设计运行范围的限制。（　　）

2. 根据国家标准的分级，目前 3 级智能网联汽车已经成为市场主流车型。（　　）

3. 我国机动车号牌上，第二部分号牌编号字符位数为 5 位，可由阿拉伯数字从 0 到 9 共 10 个数字、英文字母从 A 到 Z 共 26 个字母组合而成。（　　）

4. 进行超声波雷达检查时，应逐一检查车辆前后左右四周各个超声波雷达探头相对车身表面是否安装平整，探头有无磕碰凹坑，探头表面是否存在污损。（　　）

5. 汽车安全装置是仅用于保护车辆驾乘人员的多种安全设备和系统的统称。（ ）

6. 精密度是指测量结果的离散程度，表示随机误差的大小。在现实工作过程中，精密度与粗糙度含义相同。（ ）

7. 如果希望智能网联汽车的 ADAS 和自动驾驶系统辅助或在相当程度上代替人类驾驶员，其测试所需要的测试场景也应是数量众多且复杂程度各异的。（ ）

8. 除了单车智能识别系统之外，智能网联汽车也采用“车路协同 + 高精度地图 + 视觉识别”的组合方式，简称为 V2X 方式。（ ）

9. 转向角传感器安装在车辆转向管柱附近，用于判别车辆的行驶方向。（ ）

10. LKA 系统是车道偏离预警（LDW）系统的功能升级，因此在汽车上无须设置一个独立按键。（ ）

11. 车辆追尾自动紧急制动系统测试时，前车静止，验证车辆以三个不同速度行驶，测试 AEB 系统的性能。（ ）

12. 根据相关调研报告，配装 AEB 系统的车辆发生追尾事故的概率为未配装 AEB 系统的车辆发生事故概率的 70%。（ ）

13. 受限于车辆外观尺寸、车内外后视镜尺寸等因素，传统汽车在设计上都难以避免驾驶员视野盲区的存在。（ ）

14. IPA 系统的传感器配置有全超声波雷达、视觉传感器与超声波雷达融合两种技术方案，其中全超声波雷达方案已成为目前的市场主流应用。（ ）

15. 自动驾驶循迹系统综合测试应在曲线车道的场地内进行。（ ）

16. 基于信号的定位是采用航迹递推的方法获取汽车与卫星的距离信息并进行定位的。（ ）

17. 典型的模拟仿真系统由计算机主机、键盘和鼠标组成。（ ）

18. 模拟仿真测试系统需要在显示界面上进行数量众多的参数设置和测试结果曲线分析，因此对显示器的分辨率有要求。（ ）

19. 在完成场景构建之后，需要对车辆环境感知系统中的传感器进行建模。（ ）

20. 重新构建车辆模型时不能对模拟仿真系统自带的车辆模型参数进行设置。（ ）

四、简答题（每题 4 分，共 20 分）

1. 整车测试类国家标准的查询方法有哪些？

2. 简述整车车道线识别系统综合测试的内容。

3. 在哪些情况下，LKA 系统可能会失效而无法正常工作？

4. 什么是一体化模拟仿真技术？

5. 卡车和乘用车的驾驶员视野盲区是否相同？为什么？